SOCIÉTÉ D'ANTHROPOLOGIE DE LYON

— SÉANCE DU 5 NOVEMBRE 1898 —

RECHERCHES ARCHÉOLOGIQUES

dans l'Asie occidentale.

MISSION EN CAPPADOCE

PAR

ERNEST CHANTRE

LYON

A. REY ET Cie, IMPRIMEURS-ÉDITEURS

4, RUE GENTIL, 4

1899

RECHERCHES ARCHÉOLOGIQUES

dans l'Asie occidentale.

MISSION EN CAPPADOCE

PAR

ERNEST CHANTRE

RECHERCHES ARCHÉOLOGIQUES

dans l'Asie occidentale.

MISSION EN CAPPADOCE

M. Chantre présente son ouvrage intitulé : « *Recherches archéologiques dans l'Asie occidentale. Mission en Cappadoce.* Cet ouvrage considérable par son volume et l'importance des résultats scientifiques qu'il fait connaître, présente l'ensemble des découvertes que M. Chantre a effectuées durant ses missions de **1893** et **1894**. Voici un résumé succinct de cet ouvrage et les conclusions que les découvertes de M. Chantre ont permis de formuler.

Depuis que d'illustres voyageurs français et anglais, parcourant l'Asie Mineure, faisaient connaître au commencement de ce siècle certaines sculptures rupestres qu'ils avaient observées dans la Syrie du Nord et sur d'autres points de l'Asie occidentale, nombre d'archéologues ont visité ces monuments et en ont découvert de nouveaux.

Les savants se sont mis, depuis vingt ans à peine, à en rechercher la signification et l'origine. On avait constaté que parmi les sujets gravés sur les rochers se trouvaient des hiéroglyphes différents de ceux de l'Egypte. Des caractères du même genre se rencontrent, d'autre part, gravés sur des pierres dures ou sur des sceaux en terre cuite. Mais à peine avait-on entrepris l'étude de ces monuments et la transcription de ces textes étranges, que l'on dut se demander à quel peuple il convenait de les attribuer.

Le champ était vaste et les hypothèses les plus diverses ne manquèrent pas de surgir. La plus accréditée, et celle qui est généralement admise actuellement, rattache ces monuments au peuple des Khiti dont le nom revient si souvent dans les récits des batailles gravés sur les murs des temples de Thèbes et de Ninive. Antérieurement à la connaissance des hiéroglyphes et des caractères cunéiformes, on pouvait lire dans la bible le nom de ce peuple sous la forme de *Hittin* dont les Anglais ont fait *Hittites* et les Français *Hétiens* ou *Hétéens*. D'après la Bible, ils sont fils de Heth, lui-même fils de Chanaan. On les trouve établis en Palestine au temps d'Abraham; David prend parmi eux des amis et des serviteurs; Salomon des femmes pour son harem.

La lecture des inscriptions de l'Egypte et de l'Assyrie a jeté un jour nouveau sur l'origine et l'histoire des enfants de Heth et a montré que le peuple auquel ils appartenaient avait joué un rôle important dans l'histoire de la civilisation de l'Orient.

Les monuments égyptiens les appellent *Khétas*; ceux de l'Assyrie *Khatta*.

C'est sous la XVIIIe dynastie égyptienne que les Khétas semblent entrer en scène pour la première fois. Peu après la chute du pouvoir des Hycksos, l'Egypte avait recouvré son indépendance, elle résolut de se venger de ses envahisseurs asiatiques. Touthmès I (1600 avant Jésus-Christ) marche vers les rives de l'Euphrate, et établit les limites de son empire dans le pays que les Assyriens ont appelé *Mitani*, et qu'ils décrivent comme faisant face au pays des *Khatta* tout près de Karkémish.

Les Hétéens ne s'étaient pas encore rendus redoutables et c'est seulement sous Thoutmès III qu'ils entrent en ligne, puisque ce dernier reçoit le tribu du « roi de la grande terre des Khétas ».

La découverte mémorable à Tell-el-Amarna des tablettes d'argile portant des caractères cunéiformes, a permis d'entrevoir quels rapports unissaient les rois d'Egypte avec les pays qu'ils avaient conquis au XVe siècle avant notre ère. Ces monuments sont, pour la plupart, des lettres et des dépêches envoyées à Khu-n-Aten (la splendeur du disque solaire) et à son père Aménophis III par les chefs de Palestine, de l'Assyrie et de la Babylonie. C'est une preuve que le babylonien était la langue internationale à cette époque.

D'après le poème de Pentaour, l'Homère égyptien, on connaît les campagnes de Ramsès I et ses exploits sous les murs de

Kadesh, sur l'Oronte. On sait aussi qu'au temps de Ramsès II, les Hétéens, maître de Kadesh menacèrent les Egyptiens en se plaçant à la tête d'une vaste coalition dans laquelle les peuples de la Syrie du Nord se confondaient avec ceux de l'Asie Mineure. Que la célèbre bataille livrée sous les murs de Kadesh, ne fut rien moins qu'une victoire pour les Egyptiens. C'est à la suite de cet événement que fut conclu un traité de paix sur le pied d'une égalité réciproque et que la guerre se termina. Ce traité fut scellé par le mariage du Pharaon avec la fille du roi hétéen, mais dès le règne de Ramsès III (xxe dynastie 1130-1150), une nouvelle invasion du Nord mit à néant son empire syrien et la puissance de la confédération hétéenne. A partir de cette époque, les annales thébaines ne fournissent plus aucun document sur ce peuple, pendant quelque temps, rival de l'Egypte.

En consultant les monuments écrits de l'Assyrie — notamment certains traités d'astrologie et d'astronomie formés par les soins d'un antique roi de Babylonie — on y a trouvé la mention des Hétéens. Mais on ignore l'époque exacte à laquelle remontent ces documents. Le professeur Sayce pense qu'ils ne sont probablement pas antérieurs, pour la plupart, au xviie siècle avant Jésus-Christ. Sans vouloir discuter ici l'opinion si autorisée de ce savant orientaliste, il me semble démontré cependant, que quelques-uns de ces documents remontent à une bien haute antiquité. Il est fort curieux, en effet, de constater que l'un de ces traités, celui de Sarrou-Kinou, retrouvé à Ninive, rapproche d'une éclipse un fait du plus haut intérêt. Il dit : « Le 20, une éclipse a eu lieu, le roi de Hatti assaille et s'empare du trône. » (Vers 3800 avant Jésus-Christ).

Après avoir réuni aussi brièvement que possible les données historiques sur lesquelles on s'est basé pour établir l'identité du peuple qui s'est développé en Asie Mineure et dans la Syrie du Nord sous le nom d'Hétéens, il nous reste à préciser, d'après les travaux de nos devanciers et nos propres recherches, l'état actuel des connaissances acquises sur les territoires occupés par ce peuple, sur sa civilisation et ses origines.

Les sources égyptiennes témoignent de l'étendue considérable de l'empire hétéen dans l'Asie Antérieure, et quand les maîtres de Kadesh entrèrent en lutte avec les Pharaons, ils purent faire appel à leurs alliés de la Troade aussi bien qu'à ceux de la Lydie et de la Cilicie. Des vestiges de la civilisation hétéenne ont été découverts sur une très grande surface de pays. On les voit s'échelonner sur deux lignes ininterrompues, depuis la Syrie du Nord et la Cappadoce jusqu'à l'extrémité occidentale de la péninsule, et suivre les deux grandes voies qui conduisaient jadis à Sardes et au rivage de la mer Egée. Au sud, ces monuments se rencontrent en groupes comme à Ibriz, Bulgar-Maden, à Tyana, à Fassiler, à Tyriaion et à Karabeli.

Au nord, la ligne traverse l'Anti-Taurus par Marasch, puis par les défilés arrive à Ghur et à Feraktin, enfin aboutit aux ruines de Boghaz-Keui et d'Euyuk d'Aladja. De là, obliquant à l'ouest, elle passe par Guiaour-Kalessi et les tombeaux des antiques rois de Hygie à Pessinunte, pour rejoindre vers le sud la capitale lydienne et le défilé de Karabeli.

Les monuments hétéens les plus considérables de la Cappadoce, avons-nous dit, sont les ruines et les sculptures rupestres de Boghaz-Keui et d'Euyuk d'Aladja.

A Euyuk, un édifice rappelant dans son ensemble les palais assyro-babyloniens s'élevait au pied sud d'un vaste tertre artificiel. Cette construction paraît n'avoir jamais été achevée. Nos fouilles de 1893-94 nous ont confirmé dans cette opinion.

Elles nous ont permis aussi de constater qu'un second vestibule situé au delà de la porte centrale était parfaitement de plain-pied avec le premier. Il était fermé du côté du tertre par des sphynx. Les socles sont de niveau avec le seuil. De ce second vestibule, qui n'était sans doute que la seule partie encore achevée de l'édifice, pouvait partir l'escalier ou le plan incliné conduisant sur le tertre. A droite et à gauche de cette ouverture partait une muraille cyclopéenne analogue à celle de la façade principale, mais dépourvue de sculptures.

Tout dans la disposition du monument d'Euyuk d'Aladja, comme dans les sujets de bas-reliefs, tend à prouver que c'était plutôt un sanctuaire qu'un palais. Les scènes figurées montrent, en effet, des processions dans lesquelles on reconnaît des autels, des prêtres, des prêtresses, des animaux destinés sans doute à des sacrifices tels que des chèvres, des moutons et des bœufs.

On trouve à Euyuk, comme à Feraktin, le même autel, le même prêtre et la même prêtresse en adoration. Ce sont aussi, comme à Pessinunte, en Phrygie, des chèvres et des moutons qui paraissent avoir été le plus souvent sacrifiés. On a vu également combien est fréquente la représentation de la chèvre sur les cachets de cette époque. La découverte à Euyuk d'inscriptions phrygiennes vient corroborer l'existence de ces rapports multiples entre la religion des Cappadociens et celle des Phrygiens. La présence de ces inscriptions dans cette localité pourrait s'expliquer par l'établissement d'une colonie phrygienne. Toutefois, M. de Saussure incline à penser que ces monuments représentent simplement les vestiges d'une langue sacrée qui aurait été établie partout où régnait le culte de Cybèle. Cet idiome — en quelque sorte liturgique — aurait été pratiqué en Ptérie, comme en Phrygie, durant une certaine période de temps dont rien ne permet encore de préciser ni le commencement, ni la fin.

Les recherches que nous avons faites à Pterium nous ont permis de faire quelques constatations nouvelles au sujet de l'origine de la civilisation hétéenne et de son développement en Cappadoce.

Par des fouilles d'une certaine étendue, nous avons mis à découvert le sol primitif de la grande cour, ainsi que celui du couloir où nous avions l'espoir de trouver des *ex-voto* au pied de la divinité symbolique, et peut-être aussi des traces du séjour des prêtres et des gardiens du sanctuaire. Notre espoir a été déçu, car nous avions été devancés sur ce dernier point. Nous avons pu toutefois acquérir des habitants du village des cachets en pierre dure et des figurines en bronze provenant de Yasili-Kaya ou de son voisinage immédiat. On a vu quels rapports intimes existent entre les sujets de ces petits monuments et ceux des sculptures rupestres,

Dans le palais qui n'avait jamais été fouillé, des excavations considérables ont montré la disposition générale de l'édifice et ont facilité l'exécution d'un nouveau plan de l'ensemble des ruines. Seuls quelques blocs de pierre émergeant au-dessus des remblais avaient pu permettre un relevé approximatif de cette construction.

Le soubassement de la porte du palais et celui de toute la façade principale ont été complètement déblayés et, grâce à ces travaux, nous avons pu constater combien cette construction rappelle celle des demeures royales de la Chaldée et de l'Assyrie. Comme dans la plupart des monuments de la Mésopotamie et dans les plus anciennes maisons de l'Egypte, les murailles dont on ne trouve que les soubassements monolithes étaient, sans doute, construites en briques crues.

Dans les déblais de la cour centrale dont le sol avait été soigneusement dallé, ainsi que dans les autres parties de l'édifice que nous avons explorées, nous avons recueilli des débris nombreux de poteries rappelant les types d'Hissarlik, de Chypre et de Rhodes. Nous y avons recueilli aussi des objets en bronze dont les formes se rapportent à ces mêmes localités ; enfin des cachets et des empreintes portant des caractères hétéens.

Des fouilles entreprises dans la grande forteresse dite « Beuyuk Kaleh » nous ont donné, associés à des débris du même genre que ceux du palais, des fragments de briques cuites portant des textes cunéiformes. Une autre série de ces débris de textes a été trouvée par nous-même sur les pentes de la forteresse dominant le palais. Nos collaborateurs y ont lu des présages et des données astrologiques ; des transactions dans lesquelles apparaît une longue liste de villes; enfin des hymnes religieuses. Ces textes sont écrits, comme ceux de Tell-el-Amarna, en caractères babyloniens, mais paraissent dater d'une époque plus reculée que celle que l'on a assignée à ces derniers. Les missives hétéennes aux Aménophis ne remontent, en général, qu'au XVe siècle avant Jésus-Christ, époque de l'apogée de la puissance des Hétéens qui précéda de peu de temps sa décadence finale.

Toutefois, si l'on doit accorder quelque crédit au traité d'astrologie de Sarou-Kinou, dans lequel il est question d'un roi Hatti qui, vers 3800 avant Jésus-Christ, assaille et s'empare du trône de Ninive, il me semble que l'existence du peuple hétéen — à cette époque reculée — est suffisamment démontrée. Il résulte de cela que la date de 2500 que M. Boissier propose d'attribuer aux textes babyloniens de Boghaz-Keui me paraît tout au moins fort acceptable, sinon au-dessous de la réalité. S'ensuit-il de ces constatations que les bas-reliefs de Yasili-Kaya, d'Euyuk d'Aladja et de Ferak-edin soient également datés et qu'ils remontent à la même époque? Telle n'est pas ma pensée. Il est hors de doute — d'abord — que ces sculptures ne sont pas contemporaines les unes des autres et, s'il est vrai que la civilisation à laquelle elles sont dues a pris naissance en Syrie, celles de la sauvage Cappadoce sont certainement les plus récentes. Elles appartiennent, non pas aux temps primitifs de la nation hétéenne, ni à la période de son premier développement durant laquelle ont été élevés le palais et la forteresse de Boghaz-Keui, mais au temps de sa décadence.

Si l'on doit — en effet — considérer les scènes de Yasili-Kaya comme commémoratives du grand événement qui précipita la chute de l'empire hétéen, c'est-à-dire le traité de paix entre le roi de Kadesh et Ramsès II, lequel fut scellé par le mariage de la fille du roi hétéen avec le pharaon, cette manière de voir n'est plus discutable. C'est à partir de ce moment, du reste, que les monuments hétéens reflètent l'influence égyptienne, comme le montrent les barques sacrées de Yasili-Kaya et les sphinx d'Euyuk d'Aladja.

La nation syro-cappadocienne est sûrement beaucoup plus ancienne qu'on l'a dit jusqu'à présent. On ne saurait encore — dans l'état des connaissances actuelles – préciser l'époque de sa constitution première, mais ce qui paraît évident, c'est que son développement s'est effectué antérieurement au xve siècle avant Jésus-Christ et a commencé peut-être vers le xxxe. C'est donc dans le voisinage de cette date — que je reconnais fort reculée — que doit se placer la fondation de la ville, du palais et de la forteresse de Boghaz-Keui, ainsi que celle des cités dont nous avons découvert les vestiges dans les tells d'Orta-Euyuk et de Kara-Euyuk. La fondation même de Karkemish, de Kadesh, d'Ephèse et de Comanaq, dont les fastes nous ont été révélés plus par les chroniqueurs de l'antiquité que par les archéologues, est certainement de beaucoup antérieure au temps où les Hétéens ont pris contact avec les Egyptiens. L'importance de ces villes ne s'est affirmée qu'à partir du moment où leurs maîtres ont voulu se mesurer avec les Assyriens et les Egyptiens.

Jusque dans ces dernières années, on ne connaissait guère les Hétéens que d'après les sculptures respectées, quelques entailles ou ou quelques figurines. Les sentiments artistiques de ce peuple ont été fréquemment étudiés d'après ces monuments; on a parlé de leur religion d'après les historiens de l'antiquité. Le souvenir enfin de leurs relations avec les autres nations nous a été conservé par des inscriptions assyro-babyloniennes et des bas-reliefs égyptiens.

Mais ces documents ne se rapportent, pour la plupart, qu'à une certaine phase du développement de cette population et ne nous renseignent pas sur l'ensemble de sa civilisation tout entière à ses origines.

Nos fouilles de Boghaz-Keui, d'Orta-Euyuk et de Kara-Euyuk ont montré qu'antérieurement à l'époque des bas-reliefs rupestres, les Hétéens avaient élevé des bourgades du genre de celles d'Hissarlik, de Mycènes, de Rhodes et de Cypre. Les vestiges des civilisations primitives que nous avons recueillis présentent les mêmes caractères que ceux des plus anciens dépôts de l'Argolide, de la Phénécie et de la Troade; comme eux, ils semblent avoir une origine babylonienne. La rencontre dans ces mêmes lieux de textes cunéiformes, que l'on est en droit de considérer comme représentant l'idiome des Syro-cappadociens, est venue enfin confirmer l'existence de rapports nombreux entre ce peuple et Babylone.

Comme en Mésopotamie, l'artiste cappadocien excellait dans la figuration de la forme animale, soit dans la plastique, soit dans la peinture de la céramique.

Les motifs décoratifs en forme de câble ainsi que l'arrangement héraldique des animaux affrontés ont la même origine. Le globe ailé du soleil ainsi que les dieux et les génies debout sur le dos d'animaux, si connus en Chaldée, se trouvent aussi sur les entailles d'abord, et plus tard sur les bas-reliefs rupestres. Parmi les animaux les plus fréquemment reproduits en Cappadoce, se place le lion dont l'origine assyro-babylonienne ne saurait être méconnue. On le retrouve à Ptérium, comme à Mycènes, puis à Euyuk d'Aladja et surtout à Yasili-Kaya. Ici, la grande divinité symbolique, dont la gaine est formée d'une lame d'épée que tiennent deux lions affrontés est absolument assyrienne. Cette disposition rappelle celle qui décore le poignard d'Assur-bani-pal que l'on voit sur un bas-relief du Musée britannique, qui représente ce roi allant à la chasse au lion. Elle rappelle aussi celle du poignard de Sargon dans un bas-relief du Louvre. Ce sont encore ces mêmes lions que l'on voit sur la façade principale de quelques tombeaux phrygiens.

De même qu'à Cypre, à Rodes, à Hissarlik et Ko-an, les figurines humaines et animales abondent en Cappadoce, principalement à Kara-Euyuk, à Boghaz-Keui et à Comana. Ces reproductions semblent procéder, comme celles des nécropoles caucasiennes et celles des pays égéens, du sentiment mésopotamien primitif. Le fait est surtout remarquable par certaines figures humaines et pour certains oiseaux de Kara-Euyuk. Les unes ne peuvent être autre chose que des imitations, souvent fort grossières, de la grande divinité babylonienne Istar, et les autres la reproduction de l'attribut de la déesse chaldéenne, cette colombe qui devint celui d'Astarté.

Les monuments et les textes sont d'accord pour attester que la colombe a été, dès la plus haute antiquité, un oiseau sacré dans toute l'Asie occidentale, de l'Euphrate au Caucase et à la Méditerranée. Et si Lucien a vu encore à Hiéropolis, une statue de Sémiramis portant sur la tête une colombe d'or, nombres d'objets, appartenant sûrement au culte de cet oiseau sacré se rencontrent fréquemment dans les dépôts archéologiques les plus anciens de Cypre dont l'origine paraît pouvoir remonter au XXXe siècle avant Jésus-Christ.

M. Richter pense que le culte de la colombe a été introduit dans cette île avec les premières idoles d'Istar, lesquelles ont pu y être apportées par Sargon I (3800 av. J.-C.), comme le prouve le cylindre découvert jadis à Nicosia et que MM. Pinche et Say n'hésitent pas à attribuer au grand roi d'Agade.

Les rapports nombreux que nous avons étudiés entre les vestiges des civilisations pré-helléniques de la Cappadoce, du Caucase et des pays égéens, paraissent actuellement indiscutables. Et ce qui semble tout aussi démontré, c'est leurs origines communes assyro-babyloniennes. Seulement, elles ne sont ni synchroniques, ni absolument semblables. En se propageant de l'est à l'ouest, le sentiment mésopotamien s'est modifié peu à peu dans sa marche à travers l'Asie Mineure, principalement dans ses grandes étapes, comme à Kara-Euyuk, par exemple, où des types locaux ont dû se créer. De là, cette marche s'étendit dans la direction de la mer, en Troade, d'abord, et ensuite dans toute la région égéenne où de nouvelles transformations locales devaient se produire et donner naissance à la civilisation mycénienne (3000 à 1500 av. J.-C.).— On est d'accord pour rapporter la fondation de la plus ancienne bourgade troyenne à la période qui s'étend entre 3000 et 2500 avant Jésus-Christ.

Il résulte de cela qu'en proposant de faire remonter notre cité cappadocienne, encore non identifiée de Kara-Euyuk à 3500 avant Jésus-Christ, nous croyons rester dans des limites fort acceptables.

Toutefois, l'influence babylonienne ne semble pas avoir atteint la Méditerranée par la seule voie de l'Arménie et de l'Asie-Mineure. Une part doit être attribuée à la Vallée du Nil. Les plus récentes découvertes de MM. Petrie [1], Amelineau [2] et de Morgan [3] ont montré que la Haute-Egypte avait reçu elle-même dès l'époque des premières dynasties, des sentiments artistiques et des usages nouveaux qui ne peuvent être que mésopotamiens. Dès lors, les ressemblances que l'on constate entre certains objets des nécropoles égéennes et de la Thébaïde — céramique et cuivre — s'expliqueraient de la façon la plus simple, si l'on admet des relations entre ces pays, dès ces temps si reculés. Un reflux de ce courant méridional

[1] Flinders Petrie, *Journ. of Hellenic studien,* 1890. *Ten Years diggings in Egypt.* in-8, London, 1893. — The Egyptian bases of Greek history, *Journal of Hellenic studies*, t. XI. — *Naada and Ballas,* in-4°, London, 1896.

[2] Amélineau, *Les nouvelles fouilles d'Abydos*, Leroux, 1896.

[3] De Morgan, *Recherches sur les origines de l'Egypte*, 2 vol. in-8°, Paris, 1896-1897.

a pu se se faire sentir jusqu'en Asie Mineure, et aurait été ainsi le précurseur de celui dont l'influence est manifeste de la XVIe à la XIXe dynastie[1], mais il ne paraît pas avoir influencé les Cappadociens de Kara-Euyuk, contemporains du grand Sargon.

Mais à quelle race faut-il rattacher le peuple hétéen de la Cappadoce ? C'est là une question que les philologues et les anthropologistes se sont posée bien des fois.

On a vu successivement MM. Ball[2] et Halévy[3], — faisant abstraction de tout autre élément d'information que ceux fournis par la philologie — rattacher les Hétéens aux Sémites. Le premier essaye d'interpréter les caractères hétéens par l'araméen : le second, par le trop simple procédé étymologique arrive à la conclusion que les Hatti aussi bien que les autres Sémites de la Mésopotamie parlaient un dialecte phénicien.

Homel[4] place l'hétéen à côté de l'élamite et du cosséen qu'il range dans le groupe alarodien, lequel est pour lui de la famille turco-mongole.

Conder[5] arrive de son côté, par des comparaisons philologiques et ethnographiques, à des résultats à peu près identiques à ceux du savant historien de Munich, et conclut à l'origine turco-mongole de l'idiome hétéen.

Le professeur Sayce[6] a fait enfin une synthèse, aussi complète que possible, de tous les renseignements réunis jusqu'à ce jour sur la question. Par une étude raisonnée des annales égyptiennes et babyloniennes, par l'onomastique hétéen, qu'il a recueillie, et l'analyse des symboles hétéens, par les ressemblances qu'il a con-

[1] Cecil Smith, *Classical review*, 1892, p. 462. — Stindorf, *Archeolog. Anzeiger*, 1862, p. 92-96. — Maspero, *L'Archéologie égyptienne*, p. 305-313. — Perrot, *loc. cit.*, t. VI, p. 1005.

[2] *Proceedings of the Bibl. arch.*. 1887.

[3] *Acad. Inscrip.*, 1887. *Soc. Asiat.*, 1887.

[4] Die Sumero-Akkadische Sprache, etc. (*Archiv. für Anthrop.*, t. XIX).

[5] Les races primitives de l'Asie occidentale (*Journal of the Anthrop. Inst.*, 1887-1889).

[6] *The monuments of the Hiltites*, 1880. *The Hiltites, the Story of a forgotten empire*, 1888.

statées entre ceux-ci et les caractères cypriotes, il est arrivé à établir un système plus solide. Pour lui, les noms inscrits sur les monuments égyptiens et assyriens prouvent que les Hétéens ne parlaient pas une langne sémitique, et les bas-reliefs montrent que leur type physique n'a rien de sémitique. Il rattache leur langue à celle des peuples dits *alarodiens* parmi lesquels se trouvaient les Ciliciens, les Tibaréniens, les Proto-Arméniens et les autres tribus qui habitaient entre l'Halys, la mer Caspienne et la Mésopotamie. Il place volontiers le berceau de la race hétéenne sur les deux versants du Taurus et plus particulièrement sur le versant nord.

La plupart des systèmes proposés pour rechercher l'origine des Hétéens sont basés, on le voit, sur le caractère linguistique comme si l'idiome d'un peuple était seul capable de renseigner à cet égard. Rien n'est plus dangereux, car un peuple ne parle pas toujours la langue de sa race ou de ses ancêtres, témoin les Grecs et les Arméniens actuels de l'Asie Mineure qui ne parlent presque plus que le turc.

Sans méconnaître l'importance des éléments philologiques dans la question, je crois que c'est pourtant de l'étude des monuments sculptés que l'on doit attendre des éclaircissements sur l'ethnique des Hétéens de la Cappadoce.

Les bas-reliefs de l'Egypte et de la Ptérie donnent de nombreuses reproductions de personnages, et la ressemblance des figures gravées — soit par les artistes égyptiens, soit par les Hétéens eux-mêmes au milieu de leurs hiéroglyphes, fournit une preuve convaincante en faveur de la fidélité de ces derniers, comme l'a fait aussi remarquer M. Sayce. Rien n'est plus frappant que ce Khéta d'un bas-relief de Thèbes qui est la copie exacte de l'un des personnages d'Euyuk d'Aladja.

Les bas-reliefs thébains montrent d'autre part, deux types distincts parmi les Khétas. Un premier qui peut être rapproché du type dit sémitique, et un second qui rappelle, a-t-on dit, le type turco-mongol, mais que je trouve plutôt arménoïde. Seulement il faut tenir compte que ces bas-reliefs égyptiens nous montrent ce peuple, au moment de son déclin, alors qu'après une longue suite de contacts et d'alliances il ne pouvait plus présenter que des types mêlés ou des sujets d'origine différentes. Pourtant, il est probable que nombre d'entre eux ont conservé leur physionomie primitive, puisque de nos jours encore, on rencontre dans la population de la Cappadoce, de la Cilicie et de la Syrie des individus rappelant les types hétéens.

Les personnages au type sémitique représentent, peut-être, des gens des confédérations du sud, tandis que les autres, les plus nombreux du reste, appartiennent aux confédérations du nord. Ceux-ci présentent — comme on l'a constaté — d'assez grandes ressemblances avec les Proto-Arméniens de Tello, en Chaldée.

Quoi qu'il en soit, d'après les monuments, le type des Hétéens de la Ptérie est caractérisé par une tête ronde et surélevée (hypso-brachycéphale), un front déprimé ; un nez droit et saillant formant une ligne presque continue avec le front. La face est projetée en avant, sans être prognathe ; les pommettes sont quelquefois saillantes ; les cheveux souvent frisés sont rejetés en arrière ou tressés ; la lèvre supérieure est allongée ; la taille plutôt petite.

Ces caractères se retrouvent assez fréquemment, de nos jours, parmi les populations des régions qui s'étendent du Taurus et de l'Halys à l'antique Arménie. Sir Charles Wilson[1] l'a retrouvé chez les habitants de Tyana. Von Luschan[2] l'a constaté chez les Taatadjis de la Syrie et des contrées voisines. Ce sont là aussi les caractères d'un certain nombre de tribus qui habitent encore en Ptérie à Euyuk d'Aladja, à Boghaz Keui, Feraktin et ailleurs.

[1] Sayce, Hiltites, *loc. cit.*

[2] *Reisen in Lykien, Mhylias and Kibiratis*, Vienne, 1889.

Lyon. — Imp. A. REY, 4, rue Gentil. — 17759

www.ingramcontent.com/pod-product-compliance
Lightning Source LLC
LaVergne TN
LVHW020515230826
846091LV00008BA/3485

* 9 7 8 2 0 1 3 6 7 3 1 4 3 *